國學大師 饒宗頤的人生智慧

新雅文化事業有限公司
www.sunya.com.hk

目錄

代序

君子以自強不息

林鄭月娥

曾言自己「命中注定做學問」的饒宗頤教授，自1949年移居香港，數十年間不斷從事學術研究和藝術創作，發表和出版大量學術論著，亦在大學講學授課，積極促進香港文化教育事業發展和中外文化交流。香港特區政府在2000年向饒公頒授大紫荊勳章，表揚他對傳承中華文化和推動香港學術發展的非凡貢獻。

饒公的學術成就和對香港的貢獻，固然值得我們深深敬仰；饒公的治學精神和待人處事態度，同樣值得我們學習。他治學堅持「求真，求是，求正」，簡單六字，正好反映饒公追求真理，孜孜不倦的做學問態度，但不僅如此，在我們心目中，饒公更是溫文爾雅、虛懷若谷、樂觀豁達的謙謙君子。

大家都知道，饒公尤其喜歡畫荷花。其筆下的荷花自成一格，有「饒荷」之稱。對我來説，饒公與荷花，同樣是君子的象徵。饒公曾説，當年父親為他取名「宗頤」，是希望他效法宋代文學家周敦頤的君子風範，如在《愛蓮説》中的名句「出淤泥而不染」，做人要追求高潔品性和敢於擔當。饒公一生獻身學術文化的不朽精神、謙遜敦厚的真摯品格、誠禮待人的高尚情操，正是君子的完美寫照。在饒公身上，我們可以看到什麼是「君子以自強不息」，什麼是「君子以厚德載物」。

我有幸認識饒公多年，不時得到饒公親自教誨，畢生受用。還記得2010年，我仍是發展局局長，饒公送我「貞固幹事」四字，提醒我守持正道、堅定不移，

必能成事。去年當選行政長官後，饒公再贈我「與你同行」四個大字，給我無限支持和鼓勵。現在這兩幅珍貴墨寶都掛在我的辦公室裏，讓我每天都感受到饒公的支持，並時刻銘記饒公的教誨。

　　雖然饒公離我們而去，但他深厚的學養內涵、嚴謹的治學態度和弘揚中華文化的堅定決心，永遠值得我們敬仰，值得我們學習。他是香港和世界的學術和藝術瑰寶，是我們引以為傲的香港之光，我們會永遠懷念他。

—— 摘錄自《行政長官於饒宗頤教授喪禮上致悼辭全文》

香港特區政府成立後，饒公欣然送贈作品以表支持。2017年10月，第四任特首林鄭月娥邀請饒公到禮賓府，站在饒公作品前拍照留念。

序

哲人不遠

南宋宰相文天祥《正氣歌》：「哲人日已遠，典型在夙昔。」歷史上許多值得我們學習的聖賢、豪傑、哲人、義士，都已離我們遠去，面目難免模糊，感覺總覺陌生。如今與我們同地域同時代竟有一位耀眼的亮星，在品德、學術、藝術方面，都有超卓表現，被社會公認為「人中君子，學人典範」。他就是大學者饒宗頤老師。饒老師在十多個學術領域取得傑出成就，獲得世界性的榮譽；在藝術方面獨標高格，自成一家；而其做人做事的態度，更是後輩學習的最好榜樣。

哲人未遠，清芬尚在。我們慶幸跟饒老師共事合作多年，對他的人生態度、治學精神有深厚認識的李焯芬教授，為青少年朋友寫了這本《國學大師饒宗頤的人生智慧》，旨在引領他們在人生道路上求立志、求上進、求真理、求美善，做一個高質素有成就的人。

像饒老師這樣家學淵源，自小立志，穎悟過人，先天後天條件優厚，機遇處處，得享高壽，有悠長歲月從事學術研究者千萬人中無幾。因此想學習饒老師所有優越之處實非易事，但求領略一二已得益無窮。

饒老師一生勤勞，絕不浪費時間，到晚年也可以一天工作二十小時，因此他的工作時間是一般人的幾倍，方能有博大精深的修養，方能在學術上有如此巨大的貢獻。同學們想想自己有否經常做些無聊之事，把時間白白浪費掉？

阿濃

你或許會問：如此不停工作會不會很枯燥？饒老師會告訴你：不會，不要把工作當工作，要把它當作樂趣的來源，那就不覺辛苦不覺累了。

如今的世界有趣、好玩的事物太多，很容易分散我們的注意力。饒老師工作起來極專注，不旁騖，不分心，連進行日常事務時，腦子也思考不停。

在學習和研究時，難免遇上困難和障礙，可是這只會引起他要將之開鑿解決的心。他總是迎難而上，絕不退縮放棄。

饒老師學術上的成就，獲得許多國際性的褒獎和肯定，他寵辱不驚，心無掛礙，保持一顆淡泊怡靜的心。但在另一方面，他追求卓越，自強不息，不斷提升自己，至百歲高齡也不停步。

饒老師社會地位崇高，眾所景仰，但他謙和可親，慈悲喜捨，樂於助人，凡對社會有益之事有求必應，使許多人喜出望外，獲得鼓勵。

本書作者李焯芬教授更介紹多種可親炙饒老師的作品和場館，提供閱讀後續活動之用，設想十分周到，莘莘學子，當因本書獲益良多也。

第一章

讀萬卷書

第一章

讀萬卷書

1917年8月9日，饒宗頤出生於中國廣東省潮安縣城。饒家祖輩經商；祖父饒興桐曾任潮州商會會長；父親饒鍔經營錢莊生意，積累了頗豐厚的家產。饒鍔年青時曾就讀於上海法政學院。他既是商人，又是學者；商務之餘仍勤於治學，尤長於文獻的考據，特別喜歡鑽研宋明理學、佛學及潮州地方文獻；著有《佛國記疏證》、《漢儒學案》、《王右軍年譜》及《慈禧宮詞百首》等多卷書籍。他的古文、辭賦、駢文都寫得很好。饒鍔又極愛藏書。1926年，他建藏書樓「天嘯樓」，藏書典籍達十萬餘卷；藏書量之大在全國私人書齋中屈指可數。這樣豐富的藏書為饒宗頤的童年創造了極好的讀書環境。

饒氏家族上世紀20年代大合照，前排左起第五個站立着的就是饒宗頤。

2006年家族成員再來
一次大合照

　　饒鍔本人喜歡讀書，器重做學問工作的人。他發覺兒
子自幼有這種天性，便開始着手培育孩子成材。饒宗頤
三、四歲時，父親教他讀杜甫的《春夜喜雨》和周敦頤
的《愛蓮說》。這是饒宗頤最早接觸到的詩文作品。在
他的腦海裏，從此播下了文學的種子。在父親的影響
下，饒宗頤自幼便浸淫在「天嘯樓」的萬卷書中。他後
來曾提到：「我家裏有那麼多書，我整天在看，就等於
孩子在玩。這是一個小圖書館，我自己可以在那裏一邊
享受、一邊玩。不管懂不懂也就在那裏逛。所以中國書
的基本種類我早就了解。」在藏書樓裏自由自在地學習
的經歷，養成了饒宗頤自幼好學多思的習慣，且非常有
主動性，讀書全憑自己的興趣。

饒鍔自己喜歡讀書，對
培育孩子有一套辦法。

六歲之時，饒宗頤開始閱讀古典小說。與我們今天
許多充滿好奇心的孩子們一樣，他喜歡武俠神怪那一類
小說。他曾說過：他當年最喜歡的書是《封神演義》，因
為他既喜歡歷史，又喜歡神話。歷史真實而豐富，神話
玄幻而新奇。在孩童時代能給人以莫大的啟發和憧憬的
這兩樣東西，給了饒宗頤很大的精神享受，就像超級英
雄和科幻影片吸引著今天的孩子們一樣。年幼的饒宗頤
還模仿《封神演義》的情節套路，構思《封神演義》的後
續情節，寫出了《後封神榜》的書稿，可惜這本書稿早
已佚失。

《封神演義》

　　《封神演義》是明代作家許仲琳所著的一部中國古代神魔小說，以姜子牙輔佐周武王伐紂的中國歷史為背景，描寫了商朝與周朝的對抗，以及闡教、截教諸仙鬥法破陣的故事，最後以姜子牙封諸神和周武王封諸侯做結尾。情節融合了當時的史實人物和神話人物，包括人類、道士、神仙和各種妖精，虛實交錯，幻想奇特，充滿了扣人心弦的情節和場面：乾坤圈、風火輪、騰雲駕霧、呼風喚海、撒豆成兵、水遁、土遁……展現了古人豐富的想像力。饒宗頤一生創意無限，相信也是從書中獲得許多啟發，腦洞為之大開。

　　饒宗頤八歲時，父親正式送他入學讀書，就讀於潮州城南小學。在學校裏，他非常勤奮，除了在校完成作業之外，回家仍大量讀書。他自少愛獨自讀書冥想，可以一個人一整天不出門玩耍，一個人躲在「天嘯樓」裏，專心讀自己喜歡的書。十歲時，饒宗頤已經能夠閱讀《通鑒綱目》、《紀事本末》、《通鑒輯覽》等古籍了。經史、佛典、詩詞、文賦，均有涉獵，奠定了堅實的國學基礎。在父親的輔導下，饒宗頤全身投入「天嘯樓」的經、史、子、集之中，吸收了中國傳統文化的精華。與此同時，父親又禮聘了蔡夢香、莊淑輿、楊栻等書畫家教導饒宗頤中國書畫藝術，讓他在藝術方面亦打下了紮實的基礎。饒宗頤因此自少就畫山水、寫書法，並樂在其中。

饒宗頤的兒時樂園
——天嘯樓

2000年，饒宗頤回到
潮州的故居。

　　1930年秋，饒宗頤以優異的成績考入了潮州金山中學。讀初中時，饒宗頤覺得學校裏老師教授的內容太淺顯。課堂上講授的《四書五經》、《史記》、詩歌，他自小在家中的藏書樓早已讀過了。所以上了一年中學後，饒宗頤乾脆不上課了，回家自修。父親饒鍔也很開明，支持饒宗頤的決定。事實證明：饒宗頤的一身學問，很大程度上是他勤奮自學，不斷鑽研的成果。他日後不斷開拓新的研究領域及課題，動力亦主要來自這種刻苦鑽研的自學精神。因此，饒宗頤可以説是終身學習的一個典範。古往今來，許多偉大人物的成功，亦源於他們喜愛閱讀，踐行終身學習、自強不息，不斷提升自己，不斷追求卓越的精神。

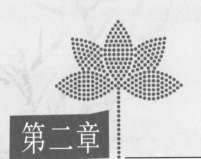

第二章

行萬里路

第二章

行萬里路

饒宗頤的青年時代，適逢抗戰期間，儘管他的才學受到學術界的賞識，先後為多所大學延聘，但他和許多當時的知識分子一樣，經歷了一段漂泊流離的歲月。他先後在廣州、潮州、香港、揭陽，與及廣西桂林、蒙山、瑤山、北流等地方生活過。

1949年初，饒宗頤應方繼仁先生之請，到香港定居下來。他自1952年開始任教香港大學中文系，直至1968年離港，出任新加坡國立大學中文系系主任、講座教授。1973年回港，出任香港中文大學中國語文及文學系系主任、講座教授，直到1978年退休。

右
六．饒宗頤
五．劉陶天
四．李明睿
三．林德侯
二．陳榮
一．吳雙玉

於鮑島
一九四六年
十．林適民
九．饒宗栻
八．杜國平
七．趙友鄉

上世紀40年代，饒宗頤在潮州擔任總纂重修《潮州志》，時年不足30歲。

上世紀60年代，饒宗頤與學生們遊玩青山禪院杯渡禪師遺跡。

　　饒宗頤曾云：「說到學術上的發展，起碼應有十年八年的安定條件，才能做出點事情來。」到香港定居後，這個安定的條件是具備了。饒宗頤於是積極利用這個條件，開展他的學術研究。他同時充份意識到「香港是一個可以同國際上來往的自由港」，可以讓他的學術研究走向世界，又可以和世界各國進行文明互鑒。

上世紀60年代初饒宗頤在香港大丫灣進行考古

1960年饒宗頤在大嶼山昂坪，誰都猜想不到46年之後，他所站的地方成為了「心經簡林」所在地。

饒宗頤向印度駐港領事館外交官白春暉學習梵文，他以教白春暉《説文解字》為交換條件。1963年，他到印度做學術研究，又跟隨白春暉的父親研習婆羅門教經典《梨俱吠陀》。

　　在香港大學教學研究之餘，他開始在語言上猛下功夫。除了英語外，他又先後學習了法文、日文、德文、梵文，和西亞的楔形文。能掌握多國的語言文字，就能讓他閱讀各國的學術論文和書籍，和外國學者溝通和合作，幫助他實現把中國文化研究推向世界的願景。

知識庫

梵 文 和 楔 形 文

梵文　　　　　　　　　　　　　　　楔形文

梵文是印歐語系最古老的語言之一，屬於學術和宗教的專門用語。古印度相信梵文是由印度教的智慧之神梵天所發明的，很多經典例如《吠陀經》均用梵文寫成，其語法和發音視作一種宗教儀規，通過經典絲毫不差地保存下來。兩千多年來，梵文深深影響着南亞、中亞、東南亞，甚至滲至東亞地區。

楔形文是源於底格里斯河和幼發拉底河流域的古老文字，是世界上最早的文字之一。楔形文字最初是多變的象形文字，字形結構逐漸簡化和抽象化，最後統一固定為音節符號。文字數目由早期的約一千個，減至後期約四百個。已被發現的楔形文字多寫於泥板上，少數寫於石頭、金屬或蠟板上。由於多在泥板上刻畫，所以線條筆直形同楔形，使用蘆葦杆或木棒來壓印在泥板上來方便書寫，因此文字筆劃大都為具三角形的線條。

香港大學創辦於1911年，前身是西醫書院，首屆畢業生包括了孫中山先生。港大的學風是鼓勵教師進行學術研究，亦鼓勵國際學術交流、合作。這也為饒宗頤到海外各大學或學術機構進行講學、擔任訪問學人、收集研究資料、考察各地文化遺址及博物館、研究流失海外的中國文物文獻等學術活動提供了方便。饒宗頤善用這段較安定的香江歲月，先後到日本、法國、美國、德國、意大利、西班牙、瑞士、印度、斯里蘭卡 (錫蘭)、緬甸、柬埔寨等國家進行上述學術活動。

上世紀50年代，饒宗頤與張大千相遇於香港。

饒宗頤於郊外彈奏古琴
（上世紀60年代）

　　饒宗頤後來曾回憶說：「我可以接觸那麼多事物，我的優勢是在香港大學教書。1956年，我第一次到歐洲開會，連續三年到歐洲開會……這個優勢很重要，是香港造就了我。很多人覺得香港是沙漠。香港根本不是沙漠，視乎自己的努力，沙漠也可變成綠洲，自己創造出來。我利用香港的機會，與世界各地溝通。」

上世紀50年代，饒宗頤利用暑假，首次到日本研究及講學。

　　饒宗頤於1954年夏天，利用大學的暑假期間，專程去日本京都研究甲骨文。這是他第一次去日本。甲骨文又稱「殷墟文字」，是商代晚期（公元前14世紀——前11世紀）王室用於占卜記事而刻寫在龜甲和獸骨上的文字。這是迄今在中國發現的年代最久遠、體系較完整的文字。它上承原始刻繪符號，下啟青銅銘文，是漢字發展的關鍵形態。現代漢字即由甲骨文演變而來。因此饒宗頤非常重視甲骨文的研究，認為是研究上古史最重要的第一手資料。二戰期間，日本人把大批的甲骨文材料掠走，封存於倉庫內。

　　饒宗頤的到來，讓他成為這批流失在日本的甲骨文的第一位真正的研究者和使用者。京都大學貯存了三千多片甲骨和大量拓本。饒宗頤就住在離京都大學不遠的三緣寺。白天他到京都大學圖書館細看來自中國的甲骨，一片片地仔細檢閱和做詳細記錄。晚上他把拓本帶回寺中，青燈黃卷繼續他的研究，直至深夜。在日本期間，他也參閱了大量流傳到日本的中國古籍，結交了不少日本的漢學家，後來還擔任了京都大學的客座教授，到日本多所大學講學。由於他學問淵博，因此深受日本漢學界的敬重。

2007年10月重遊
日本三緣寺

饒宗頤在甲骨文研究方面所取得的巨大成就，就是這樣一步一腳印地，通過刻苦鑽研而逐步積累起來的。他後來還主編了《甲骨文通檢》和《甲骨文校釋總集》，成為甲骨文總結性大型漢字工具書；又出版了《殷代貞卜人物通考》等甲骨文研究的經典之作，成為了學界公認的甲骨學大家。中國甲骨文研究有「甲骨五堂」之說，包括董作賓（號彥堂）、羅振玉（號雪堂）、王國維（號觀堂）、郭沫若（號鼎堂），及饒宗頤（號選堂）五位著名學者。

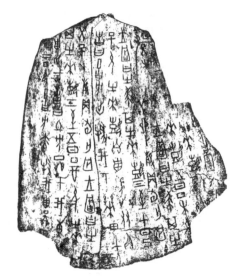

　　饒宗頤畢生致力於中國文史研究，學術領域寬闊，而在每一個領域都有傑出的、突破性的研究成果。以上提及的甲骨文研究只是其中一個領域。這裏不妨再以另一個學術領域：敦煌學，來說明他的傑出成就，與及海外漢學界對他的尊崇。

　　1900年，敦煌莫高窟的藏經洞出土了六萬多卷唐代或以前的文獻，包括了手抄及木印的經卷。除了佛教的經卷和畫卷外，還有道教的經卷、摩尼教的經卷，用古敍利亞文寫成的景教經卷，用希伯來文寫成的舊約聖經等。此外，還有土地買賣契約、奴婢買賣契約、民間組織章程、離婚書（亦稱放妻書）、天象圖、針灸圖、樂譜、乘數表等文獻。這些珍貴的文獻，不啻為研究中古社會及中外文化交流史的第一手資料。研究這些文獻的一門學問，被稱為敦煌學。可惜的是，敦煌文獻被發現後，其中一萬多卷被匈牙利裔英國人斯坦因拿到英國的大英圖書館及大英博物館；六千多卷被法國人伯希和拿到法國巴黎的吉美博物館及法國國家圖書館。其他還有不少流失到日本、俄羅斯、德國、美國等國家；也有一些散落在民間。如今約有一萬多卷珍藏於北京的國家圖書館內。

　　饒宗頤是1939年在香港的葉恭綽家中首次接觸到敦煌文物及敦煌學的。1952年在港大任教後，生活安定下來，饒宗頤很想開展敦煌學的研究。他在報上得知日本人把流失在英國的敦煌文獻拍成微縮膠卷。消息傳到方繼仁先生那裏，他出資四千元港幣購買了一套微縮膠卷，送贈饒宗頤，藉此支持饒宗頤開展敦煌學的研究。

1954年，饒宗頤出席了在英國劍橋大學召開，由英國皇家亞洲學會主辦的第二十三屆東方學家國際會議，在會上發表了論文《老子想爾注校證》。這篇論文正是他深入研究微縮膠卷中的北朝寫本《老子想爾注》殘卷的成果。他對原書上卷第三至三十七章的內容進行了細緻的校勘和箋證。該書為道教五斗米道現存最重要的經典，是道教創始人張道陵對老子《道德經》的注解和詮釋。兩年後，饒宗頤又出版了《敦煌本老子想爾注校箋》一書，引起了海內外漢學界的廣泛重視，包括法國著名漢學家保羅・戴密微。

　　劍橋的學術會議結束後，戴密微於是特別邀請饒宗頤到巴黎的法國國家圖書館敦煌文獻資料庫做編輯整理工作。饒宗頤可以親手觸摸、細閱這些敦煌文獻原件。當他打開這些中古時代書寫的手稿、精美絕倫的絹本繪畫時，饒宗頤難以按捺心中的激動。他知道：敦煌文獻藏於英國的數量最多，但藏於法國的卻是最精的，因為拿走這些文獻的是懂中文的法國漢學家伯希和。他拿走的都是經過他細心篩選的精品。1965年12月，在戴密微的建議下，法國國家研究中心正式邀請饒宗頤到巴黎協助研究敦煌文獻，由他的學生法國漢學家汪德邁充當助手。

戴密微與饒宗頤相識於上世紀50年代，半個多世紀來在學術探討的路上互相扶持。

饒宗頤在巴黎與當地
學者及他的學生合照

饒宗頤隨後在汪德邁家住了八個月。白天，饒宗頤在國家圖書館對這些敦煌文獻進行分類整理、分析研究。晚上，他回到汪德邁家挑燈夜戰，繼續工作至深夜。除國家圖書館外，他也到吉美博物館深入研究了收藏在那裏的二百二十件敦煌文物精品。饒宗頤在這些研究工作的基礎上，寫出了一大批極有深度和原創性的敦煌學論文，如今已成為敦煌學經典之作。他做敦煌學研

究有兩個有利條件：一是有豐富的第一手資料；二是有深厚的國學基礎，在研究時較容易做到廣徵博引，並有所創見和突破。饒宗頤能夠成為敦煌學大家，並不是僥倖的，是他長期努力的成果。後來，在中國實行改革開放之後，他每年特別邀請一些中青年的內地學者到香港，和他進行敦煌學的合作研究，藉此培養敦煌學的人材。由於敦煌文獻的大量流失海外，著名歷史學家陳寅恪當年曾喟歎：「敦煌者，吾國學術之傷心史也。」亦有日本學者曾謂：「敦煌在中國，敦煌學在日本」。經過饒宗頤和中國學術界的多年努力，如今中國的敦煌學已是雲蒸霞蔚，人材輩出，成果豐碩，遠遠超越其他國家了。

2000年饒宗頤在敦煌為藏經洞陳列館主持揭幕儀式

2009年2月，「我與敦煌——饒宗頤敦煌學藝展」在深圳博物館舉行，饒宗頤攝於展場。

1963年的夏天，饒宗頤在他的學生，法國漢學家汪德邁的陪同下，進行了三個月的印度文化學習之旅，對印度河古文明、婆羅門教典、印度佛教史等進行了系統性的考察和研究，包括碑銘和圖形文字資料，為日後的印度學研究積累了大量的寶貴資料。他倆參觀了許多早期的印度佛教寺院，包括阿旃陀石窟；還到了印度中部、南部、東部的許多地方。通過這次深入的考察，他對中印文明的異同和相互影響，有了深刻的了解。

　　比饒宗頤年輕十載的汪德邁後來回憶饒宗頤在印度時的情景。他說：「饒公解讀古印度文字投入的時間和精力十分驚人。每天晚上十一點，我們睡在相鄰的小牀上，饒公僅睡二至三小時，凌晨一、兩點醒來，重回書桌繼續工作二至三小時後再睡一會兒，至六、七點又重新開始新一天的工作。」饒宗頤做學術研究工作的勤奮和認真，於此可見一斑。

《伽利洞涉水圖》記述饒宗頤與汪德邁在印度的日子：「冒雨遊伽利洞，
汪德邁背余涉水數重，笑謂同登彼岸。」此畫道出師徒情誼，又帶情趣。

伽利洞涉水圖

夏坐已終雨猶縱，天公於客頗愚弄。平疇無際交遠風，眾流截斷齊奔洞。
地濕欺人腳陷泥，波翻逞勢馬脫鞚，賴彼應真力渡水，深厲淺揭情何重。
山前紅碧紛奪目，林底龍蛇招入甕。乍悟虛空山巍然，尚喜雷風心不動。
窟中佛像百丈高，氣象儼與天地共。參禪精意解救糜，聞道痴人強說夢。
江花微含春山笑，歸路又勞秋霖送。身外西鄰即彼岸，悟處東風初解凍。
可有言泉天半落，頓覺慧日雲間湧。老聃舊曾化胡來，道窮何必修麟鳳。
冒雨遊伽利洞，汪德邁背余涉水數重，笑謂同登彼岸。辛巳，選堂憶寫。

饒宗頤與家人在新加坡

　　1966年，饒宗頤在巴黎收到新加坡國立大學的邀請信，邀請他到該校擔任新成立的中文系系主任和講座教授。1968年夏天，饒宗頤舉家遷往新加坡。饒宗頤一直有一個想法：中國人有兩個國家，一個是有土地的國家，一個是沒有土地的國家，亦即是中國人在海外的力量，由文字和歷史凝聚起來。他覺得應聘到新加坡，可以讓他研究海外中華文化的傳播，更好地了解中華文明對世界的貢獻。在教學之餘，他考察和研究了星馬當地的華文碑刻，並寫下了一系列的研究論文。

　　1970年9月至次年6月，五十四歲的饒宗頤應邀訪問
美國，擔任耶魯大學研究院的客座教授，主講先秦文學。
前此，早於1965年，他亦曾到美國的卡內基博物館及哈佛
大學的考古人類學博物館，研究兩館收藏的甲骨。

1971年饒宗頤在美國
黃石公園寫生

在河南參觀龍門石窟奉先寺

在內蒙古草原的馬上英姿

　　1973年，饒宗頤回港，出任香港中文大學中國語言及文學系的系主任、講座教授，至1979年退休。1979年9月，饒宗頤應廣州中山大學之邀，在闊別內地三十年之後，首次回到中國大陸，參加中國古文字研究會的學術年會，從此可以實現遨遊神州大地的夙願。二十世紀八十年代是中國考古發現空前繁榮的黃金時代。饒宗頤在國內先後參觀了三十三座博物館。他看到的文物，是國外沒有的，從新石器時代的彩陶、先秦時代的甲骨、銅器、錢幣、璽印、竹簡、帛書，到秦漢以後的石刻、碑帖、寫本和各種書畫，都令他大為興奮，駐足細看，仔細琢磨，並盡量收集資料，回港後再深入研究。

在西安參觀章懷太子墓

在常熟郊野發現明末遺老錢謙益墓地

在鄭州參觀大河村新
石器時代遺址

　　他從大學正式退休後再沒有工作束縛，能自己支配
的時間更多，可以自由自在到各地考察講學，更可以做
深入的研究。饒宗頤從事學術研究工作一貫勤奮，著作
極之豐富，遠比一般教授多。有人曾作統計，他的學術
著作，約有三份之二是在退休後完成的。這充分反映了
他退而不休，畢生奉獻於中華文化的研究與傳播的大願
心。他讀萬卷書，走萬里路，都是為了實現這個偉大的
願景。

饒宗頤與季羨林教授合照於北京大學校園

第三章

一生勤奮
不改初心

第三章

一生勤奮不改初心

　　在學術界內，像饒宗頤這樣學術領域廣闊、成果極其豐碩的例子古今中外也實在十分罕見。他在十多個學術領域都有傑出的貢獻、創新和突破，包括上古史、中外文化交流史、宗教史、考古學、敦煌學、甲骨學、簡帛學、目錄學、金石學、詩詞學、楚辭學、印度學、藝術史學等。他同時亦是書畫大家，是西泠印社第七任社長，並開創了中國山水畫的西北宗。

西北宗筆法的代表作——三危山掠影

西 北 宗

中國山水畫一直按明代書畫家董其昌所提出的「南北宗論」，分為文人畫家與職業畫家兩大不同的風格體系。

龜茲大峽谷

上世紀八十年代開始，饒宗頤因研究敦煌學術及藝術，常到中國西北地區考察及遊歷，因而對當地的山水風光有深刻感受。他發現西北的山水別具蒼茫蕭索特色，層山疊嶂，山石雄奇，傳統繪畫技法未能夠準確傳神地表達西北山川的獨特紋理與氣氛。

2006年，饒宗頤在《敦煌研究》期刊上發表《中國西北宗山水畫說》論文，正式提出中國山水畫的「西北宗」之說。相對於中國山水畫高遠、深遠、平遠的「三遠」傳統透視法，他提出了「西北宗」曠遠、窵遠、荒遠的「新三遠」法；繪畫時用剛健疾速的筆法，揉合亂柴、雜斧劈及長披麻皴，來描輪廓山勢，然後施以潑墨運色，以定明暗。

他身體力行，用他所倡議的西北宗的筆法、墨法，寫下不少山石重疊，別具荒涼之西北風貌畫作。

饒宗頤獲法國索邦高
等研究院頒授人文科
學榮譽國家博士學位
（1993年11月26日）

　　由於饒宗頤的成就實在太傑出，他屢獲海內外學術
及藝術殊榮。頒授榮譽博士學位給他的大學包括香港大
學、香港中文大學、香港科技大學、香港浸會大學、香
港嶺南大學、香港公開大學、香港樹仁大學、澳門大
學、山東大學、澳洲塔斯曼尼亞大學、法國索邦高等研
究院、日本創價大學等。他同時亦是香港大學自創校至
今唯一的「桂冠學人」；港澳地區唯一的中央文史研究館
館員。他又曾獲香港特區政府頒授大紫荊勳章；香港藝
術發展局頒授「終身成就獎」；中國文化部中國藝術研究

院頒授「中華藝文終身成就獎」；廣州中山大學頒授「陳寅恪獎」；法國文化部頒授「文化藝術騎士勳章」；法國法蘭西學院頒授「漢學儒林特賞」。他同時亦是法國遠東學院院士，和法蘭西學院美文與銘文學院外籍院士。這在學術界是極為罕見的。

饒宗頤之所以有這樣巨大的成就，一個主要原因是他一生勤奮，努力不懈，絕不浪費時間。饒宗頤自小即銳意向學，寧可終日躲在家中的藏書樓——「天嘯樓」看書，不願意到外邊玩耍。他後來曾回憶說：「我家裏有這麼多書，我整天在看，就等於孩子在玩。這是一個小圖書館，我自己可以在那裏一邊享受，一邊玩。」

法蘭西學院「漢學儒林特賞」獎章（1962年）

他自小就培養了讀書的興趣，並在追求學問中得到無窮的樂趣。多年後，有位香港大學的老師（港大佛學研究中心總監淨因法師）曾問他：「您一輩子做了那麼多的研究，撰寫了那麼多的論文和書籍，您會覺得辛苦嗎？累嗎？」饒宗頤微笑着回答：「你不要把它看成是工作，要把它看成是你樂趣的來源，那你就不會覺得辛苦，不會覺得累了。」

饒宗頤就是這樣一輩子地勤奮敬業。年青時代，由於戰亂和漂泊流離，不容易做太多的學術研究。可他還是盡力做好自己的工作，並盡量把握機會，不斷提升自己的治學能力，擴闊自己的學術視野。1938年，他曾在香港協助王雲五編纂《中山大辭典》，並協助葉恭

法國文化部「文化藝術騎士勳章」（1993年）

綽編撰《全清詩鈔》，這些都是實例。他既努力完成任
務，又為日後的學術研究工作打下了很好的基礎。

　　1952年到香港大學任教以後，生活總算安定下來
了，他隨即着手開展他的研究工作。五十年代初的香港
大學，還不算是一所研究型的大學。教師的主要任務是
教學。大學儘管鼓勵教師做學術研究，但並不像今天這
樣明文規定教師必需做研究，而當年的研究經費亦不
多。筆者於六十年代後期在港大就讀時，學系裏做研究
的老師亦不多；有些教師乾脆只教書算了。當年，像饒
宗頤這樣不辭勞苦，積極進行學術研究的老師，實在十
分難得。這也反映了饒宗頤勤奮敬業的精神。

1993年11月與汪德邁
合影於法國「皇門靜室」

2017年6月兩師徒在
巴黎重聚

　　饒宗頤當時計劃做的研究，無論是甲骨學還是敦
煌學，都需要參考實物，即出土的文物或文獻。上世
紀五十年代初，香港並沒有多少這類古代的文物。當
年，亦不具備回內地考察文物的條件。饒宗頤只能設
法去研究流失在海外的古代中國文物。為了開展敦煌
學的研究，他得到了方繼仁先生的支持，購買了一套
英藏敦煌文獻的微縮膠卷，由是寫成了《敦煌本老子
想爾注校箋》一書，引起歐洲漢學界的注意。1965年
12月，他終於得償所願，到巴黎做了八個月的實物研
究，深入研究了法藏敦煌文獻原件。這八個月期間，
他住在他的學生和助手、法國漢學家汪德邁的家中。
據汪德邁的回憶，在那八個月裏，饒宗頤白天在法國
國家圖書館的敦煌手稿資料庫工作；晚上，他回到汪
德邁家中仍繼續工作，直到深夜。汪德邁對饒宗頤這
種不眠不休、勤奮精進的工作習慣已早有體會。

繁體字版的
《二十世紀學術文集》

1963年夏天，汪德邁曾陪伴饒宗頤到印度各地考察了三個月，研究印度教及佛教的文物、遺址。汪德邁後來回憶：「饒先生有驚人的毅力。他無時無刻都在工作，可以一天工作二十小時，超乎尋常，這是我比不上的。」饒宗頤這工作習慣，一直維持了幾十年，一直到晚年仍如此。

2002年初，《饒宗頤二十世紀學術文集》準備出版，共收集了學術論文五百二十篇，其他文章包括賦與駢文、散文約四百篇。文集共一千三百萬字，分為二十冊，十四個門類，由台灣新文豐出版公司印刷、出版。校對工作由二十多位學者及博士生負責。他們校對後，饒宗頤再仔細看一遍，並作出修訂。全集出版前共做了四校，饒宗頤每校都細看，一年多下來共看了四萬多頁的文章內容，並作出修訂。

2003年11月，由於全身投入校對工作，八十六歲的饒宗頤因過勞過累而血壓驟升，輕度中風偏癱而住進了瑪麗醫院。後來，他的二女兒饒清芬回憶父親出版文集一事，不無感觸地說：「父親太辛苦了！他沒日沒夜地修改、校對。有時已是深夜，但房間的檯燈仍亮着。他的作息一下子改變了。這對一個高齡老人來說是難以想像的。我們只能不斷地提醒他注意休息。沒想到，他還是累倒了，並出現中風症狀。」幸好醫生及時醫治護理，家人悉心照顧，以及靠自己打坐練功打通經絡，才得以康復如常。

從上述的事例，大家可以充分看到饒宗頤勤奮敬業的精神。

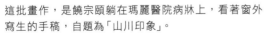
這批畫作，是饒宗頤躺在瑪麗醫院病牀上，看著窗外寫生的手稿，自題為「山川印象」。

饒宗頤專注於文化學術研究，閒時只喜郊遊及撫琴。

　　饒宗頤做學問工作，除了勤奮之外，還極之專注，不旁騖、不掛礙，不讓其他事情分了他的心，或佔用了他的時間和精神。他畢生專注於中國文化的研究，因為就如他所說的：「我是完全以中國文化做主體的。」只有在中國文化的鑽研中，他的心靈才是安定的、充實的、愉悅的。

　　因為饒宗頤的學術成就非凡，在海內外學界有極高的聲望，各種名譽也就接踵而來。在學術界，一個常見的現象是「學而優則仕」。一位學者成了名，自然

就會被大學延攬入管理層，當院長、副校長，乃至校長等職務。這些職務會令一些知名學者覺得更風光、更有權力。但行政雜務多了，做學術研究的時間自然就會少了。饒宗頤對這些行政雜務毫不感興趣。曾有兩所大學延聘他為講座教授兼系主任。在英國制的大學中，講座教授是一個學系的學術領導者，亦是學術成就最顯著的一位教師。饒宗頤當然當之無愧。可他的心思和時間，基本上仍是全放在學問工作上。這也是他學術成就特別大、成果特別豐碩的原因之一。可以說：他一輩子專注治學，心無掛礙，從不改變追求學問的初心。他寧可捨棄了在大學裏的晉升機會，也不願意放棄他醉心的學術研究。當年，他亦曾因為要專注於治學而放棄了繼承父親經營的錢莊生意。這是他一貫的價值觀和選擇。

百歲老人，仍勤於看書讀報。

在孫女兒陪伴下，創作巨幅山水畫。

　　談到饒宗頤治學的專注，也讓筆者回想起過去十多年的一些趣事。由於饒宗頤深受學界及社會各界的尊崇和景仰，來訪的學者、媒體及各界人士特別多，差不多每星期都有。作為香港大學饒宗頤學術館的館長，筆者經常會參與接待這些訪客。由於饒宗頤住在香港島的跑馬地，他經常會在跑馬地山光道的英皇駿景酒店中餐廳會客，共晉午餐。午飯桌上，饒宗頤偶爾會要求服務員拿些紙張來，然後寫下一些學術名詞或句語，隨即欣然地向大家解說一番。原來在那段日子裏，他腦子裏一直在思考、探索某一個學術課題。一下子忽然想通了，或者有了自己的觀點或結論之後，他便得馬上寫下來。大家也很高興，因為藉此可以聽他講講課，實在是很難得的機會。偶爾，他還會寫一首詩，又或者即興地用手在空中寫字。這些都反映了他的腦海裏一直都非常專注於他的學術研究或藝術創作。人世間的塵埃、擾攘和喧鬧，從來就上不了他的心間，因為他的心間已有一份對中華文化濃濃的愛，一份一輩子的承擔和使命感，讓他極其勤奮、極其專注地進行他的學術研究。他深信，我們正處於一個中華文明復興、騰飛，並與世界文明互鑒共融的偉大時代，因此這些研究、傳承和發揚的工作是極為重要的，必需的。

求真求是
勇於創新

第四章

求真求是 勇於創新

正求真求是求

學術研究是饒宗頤的畢生事業。今天的大學教授，特別是研究型大學的教授，都會進行學術研究，然後在學報上發表論文，或出版學術書籍。教授工作表現的評核，主要是看這些研究成果，與及教學成效的回饋。事實上，學術論文在教授工作表現的評核中佔了極大的比重；而一篇論文的學術價值，主要是看它是否在學術上有所創新和突破。在自然科學和醫學的領域，重大創新與發現正是諾貝爾獎評獎的標準。在其他學科，論文的創新與突破亦十分重要，否則變成人云亦云，沒有創意，亦不會被學報所接受和刊登了。

饒宗頤的學術論文有兩個特點。一是他廣徵博引，充分反映了他的博學和深厚的國學基礎。他還經常引用考古發掘及文物研究的最新發現，乃至外文的相關文獻。二是他的創新性特別強，經常有新的發現、新的思維、新的突破。這源於他鍥而不捨，不斷鑽研，求真求正求是的精神。他曾教導學生：「讀書要破萬卷，研究中國古代的詞義，首先要閱讀古代史上的原始資料，要加

以分析，另外搜求扎實的證據，養成尋根究底的習慣，才能真正獲得自己所需要的知識。」例如，在研究商代甲骨文的過程中，他發現「當中有很多難題，而且越研究越困難，越困難便越想解決和了解，要配合其他文獻和青銅器上的資料，還要與其他出土文物做參證，越研究越有興趣，越困難越能引起開鑿的心，因為我有不怕困難的個性。」正是這種個性，令饒宗頤不斷尋根究底地鑽研下去，最後往往有新的發現，這就是學術研究中最受重視的創新與突破了。我們在這裏不妨舉兩個實例，予以說明。

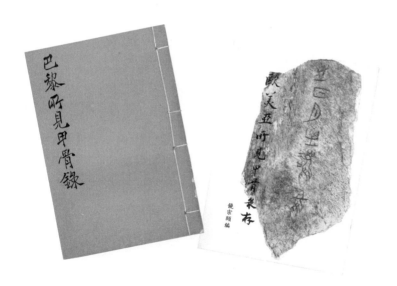

饒宗頤從上世紀50年代開始研究甲骨文，
不斷有所發現，不斷鑽研。

第一個實例是有關饒宗頤在佛教史方面的研究。在中國佛教發展的歷史中，有一位著名的人物：唐代的慧能法師 (公元638-713年)。他是中國佛教禪宗的第六位祖師，因此亦被稱為「六祖」。他去世後，他的弟子把他的一生言行記錄下來，那就是在中國佛教界內廣為人知的《六祖壇經》了。根據該經書的第一章 (自序品第一) 的記載，「慧能不識字」。他是在聽了別人念誦《金剛經》之後，「一聞經語，心即開悟」。上世紀八十年代初，饒宗頤去了六祖的出生地新州 (即今天的廣東省新興縣) 考察，參觀了六祖故居和他捐建的故宅而建成的國恩寺，並詳細地檢閱了當地的地方志 (即當地歷史的文獻記錄)，之後撰寫了《新州——六祖出生地及其傳法偈》，與及《慧能及〈六祖壇經〉的一些問題》兩篇論文。

自唐代以來，人們一直都認為六祖是個村野樵夫，不識字，沒有文化。饒宗頤在歷史文獻考證的基礎上，得出一個結論，就是六祖的家世淵源不至於不識字。他質疑：若六祖沒有文化基礎，何以聽聞《金剛經》就能開悟？他還特別指出：「從我個人去新興的感受來說，慧能不應是如《壇經》等禪籍所描述的那樣目不識丁。國恩寺是慧能捨其故宅而建，面積很大。」饒宗頤以其博洽多聞的境界，給大家一個很明確的答案：六祖其實是一個有相當文化素養的人。時至今日，饒宗頤這個基於深入研究，又合情合理的結論，已被佛教界 (包括佛學研究者們) 廣泛接受，糾正了逾千年的誤傳。饒宗頤求真求正求是的鑽研精神，於此可見一斑。

爾時世尊食時著衣持鉢，入舍衛大城乞食於其城中次第

這部經是我現說能佛這樣記的那時候佛在舍衛國的祇樹給孤獨園裏同一千二百五十個和尚住在一起

金　剛　經

　　《金剛經》又名《金剛般若波羅密經》，全文約五千多字，是大乘佛教經典中般若部總綱，主要講述佛教的「空性」與「慈悲」的教義。

　　千餘年來，《金剛經》流傳甚廣，可謂家喻戶曉。在佛教界中，無論是出家僧眾，或是皈依的學佛弟子，都會經常念誦《金剛經》。

　　由於《金剛經》深含哲學義理，對中國傳統文化影響極大，因此人們把《金剛經》與儒家的《論語》、道家的《道德經》並列為釋儒道三家寶典。

第二個實例是有關饒宗頤在民族史 (或古代民族遷移史) 方面的研究。上古時代，漢族的先民——華夏族——興起於黃河流域的中游地區 (即今陝西、山西、河南一帶)。在擴展版圖的過程中，華夏族與黃河、長江中下游的三苗族羣發生了衝突。古代歷史文獻中不乏有這方面的記載。例如：「堯與有苗戰於丹水之浦」《太平御覽·六韜》；「舜伐有苗，啟攻有扈」《淮南子》；「舜伐三苗，殺三苗於三危」《戰國策·秦策》；舜「南征三苗，道死蒼梧」《淮南子》；「禹親把天之瑞令，以征有苗……苗師大亂」《墨子》。戰爭的結果是華夏族戰勝，三苗族羣戰敗，於是被迫遷徙。這就是《尚書·舜典》所說的「竄三苗於三危」，或《史記·五帝本紀》所說的「遷三苗於三危」。按《左傳》、《水經注》、《尚書》、《隋書·地理志》及《太平寰宇記》等的記載及注解，「三危」即甘肅敦煌附近的三危山一帶。按近代學者陳愛峯及楊梅在〈尚書三危地望研究述評〉一文中所說：現代的敦煌學專家們，在談到敦煌的歷史時，仍多以為《尚書》的記載的三危就是敦煌縣的三危山。

遇有疑問，便從歷史文獻中尋找答案。圖為饒宗頤香港家中書房。

　　上世紀九十年代中葉，筆者有一次在與饒宗頤閒談中聊起了上述文獻記載，請教他如何理解「遷三苗於三危」這句説話。敦煌的三危山位於乾旱的沙漠之中，寸草不生，樹木當然也沒有，如何養活三苗這樣一個大族羣？此外，三危山一帶今天似乎也找不到三苗的後人。饒宗頤聽了，也覺得這個問題很有趣，説要研究一下。

　　過了幾個月，我們又有機會見面。他給筆者看了他剛寫好的一篇學術論文，就是談「遷三苗於三危」這個問題的。原來他從甲骨中找到了不少有關古代一個「危方國」的記載。所謂方國（或方國部落），是指中國商朝時代的諸侯部落或周邊的國家。現今學者對這些方國的認識主要來源於商朝晚期的殷墟遺址出土的甲骨卜辭，卜文中多以「某方」的形式稱呼這些周邊的部落國家，所以稱作「方國」。多數方國的規模較小，僅僅是一些較原始的氏族部落，但還有少數方國的規模較大，已經具備了較完善的國家機構；例如周方、羌方等大的方國，甚至已達到了能與當時中原王朝商朝平等抗衡的規模了。目前可辨別的方國有一百五十多個，包括羌方（西北游牧民族）、鬼方（北方游牧民族，即日後的匈奴）、

以金花銀葉法寫敦煌盛唐芙蕖畫樣，自成一派。

周方（位於陝西周原一帶，後滅商朝而成立周朝）、危方（包括上危、中危、下危三個地區；下危在西南及南方）等。饒宗頤是上古史專家，又精通甲骨文。他從甲骨中找到了這些有關「危方國」的記載，確認所謂「三危」，其實就是甲骨文中所說的上、中、下「三危」，包括西南地區。今天，苗族的後代，多生活於中國的西南及南方地區（包括貴州、湖南、雲南、重慶、廣西、湖北、四川及海南八個省區）。

饒宗頤的這個研究結果，今天看來十分合情合理。他能夠得到這個學術上的創新與突破，主要原因是他的博學，既長於上古史，又精通甲骨文，因此可以用甲骨文的資料來印證上古史，輔助上古史的研究。這不是每一位研究上古史的學者所能做到的。事實上，許多上古史學者的研究資料主要源於歷史文獻，不一定包括甲骨或其他資料。

饒宗頤隨後還對古代民族的遷移做了更深入的研究，引用了大量的甲骨文資料，後來出版了《西南文化創世紀》這本古民族史的經典之作。

西南文化創世紀
殷代隴蜀部族地理與
三星堆、金沙文化

饒宗頤的創新與突破，不僅見於學術研究中，亦顯於中國書畫創作之中。他是著名的書藝大師，其書法不囿於傳統風格。他獨創了甲骨古文書法，又融匯了隸書、魏碑及多種字體，創造了廣受歡迎的「饒體」書法。在繪畫方面，他開創了中國山水畫的西北宗，專門描繪大西北乃至絲路的山水風物。他獨特的荷花，絢麗古樸兼備，更富唐風古韻，被稱為「饒荷」。他的藝術創作變化多端，大膽創新，充分反映了他自由自在、心無掛礙的精神和清涼境界。

2005年10月借用潮州商會大禮堂創作大幅荷花

饒宗頤喜以荷花饋贈貴賓，圖為前香港特首曾蔭權（右一）接受禮物。左一為筆者，左二為時任特首林鄭月娥。

2001年8月，饒宗頤接受中國歷史博物館（現為國家博物館）邀請，到北京舉行書畫展覽，他是首位現代畫家受邀在該館舉行書畫個展。書展揭幕之日，饒宗頤以這幅寬十八尺高八尺的水墨荷花巨幅致贈該館收藏。饒宗頤一生只寫過兩幅如此大的荷花。

作畫靈感來自唐人韓愈《古意》的詩句：「太華峰頭玉井蓮，開花十丈藕如船。」

人中君子
學人典範

人中君子 學人典範

饒宗頤在學術和藝術上的巨大成就，在前文中已介紹過了。他獲得學術界、藝術界乃至整個社會的尊崇，原因除了非常傑出的成就之外，還有他高尚的品德行誼。就像許嘉璐、樊錦詩等當代著名學者所說的，他真正做到了「德、學、藝俱馨」，亦即是在品德、學術及藝術三方面都成為世間的典範，這實在是極之難能可貴的。

饒宗頤的品德行誼，可以從他的愛心（或慈悲心），他的「中流自在心」，他的精神境界三方面來探討。

先說他的愛心。作為在饒宗頤身邊工作多年的一個後輩，筆者完全同意陳韓曦先生在《饒宗頤——東方文化坐標》一書中所說的以下一段話：「饒教授永遠擁有一顆仁慈的心，他一生充滿愛心，懂得關愛他人，樂於助人而不計較報酬。他指出『成人之美』不但是一種修養，更是一種美德。人應該『成人之美』，因為人在困難之中，常常只差一步半步，只要你扶他一把、托一下，困難就克服了。他或者因此而成功。在社會生活中，大家應常懷關愛心。這樣，社會將變得更加和諧。人家給你恩惠，你是怎樣被培養起來，你應該感激人家，報答人家；今後人家又會報答你。」一句話：常懷助人之心、感恩之心。饒宗頤把助人和感恩之心貫徹到日常生活中去，並由此而產生一份由衷的愉悅自在。以下是生活中的一個小例子。

　　1980年秋，中山大學的曾憲通教授陪着饒宗頤考察內地的博物館，研究各地出土的文物。在西安市參觀完陝西省歷史博物館後，在回賓館的路上，該館的一位工作人員薛鑄忽然間跑來對饒宗頤說：「我有個請求，不知道先生能否幫忙？」饒宗頤關切地問：「什麼事呢？」薛鑄說：「我家需要一台縫紉機，但只有到友誼商店才能買到。我們已準備好購買縫紉機所需的外匯券，想麻煩先生到店裏幫我們買下。」當年，內地物資短缺，一些較高檔的貨品，僅在供應外賓的友誼商店內發售。外賓也需要憑證件及使用一種外匯兌換券才能購買得到。饒宗頤當下表示同意，問：「商店離這裏遠不遠？」「不太遠。」「有車子嗎？」「有。」薛鑄隨即從路旁推來一輛自行車，來到饒宗頤跟前，用手拍拍自行車的後座，說：「請先生坐上來吧！」在旁的曾憲通覺得責任重大，連忙阻止說：「這成何體統？先生從來就沒有這樣坐過，萬一出事，你擔當得起嗎？」饒宗頤看著薛鑄焦急的神情，於是問：「走路還來得及嗎？」薛鑄連聲說：「來得及！來得及！只要走快一點就來得及。」就這樣，薛鑄推著自行車在前頭快跑，饒宗頤和曾憲通兩人在後面急步緊跟。來到友誼商店時，只差一刻鐘就到晚上九點，商店快關門了。於是隨即用饒宗頤的外賓證件辦好了買縫紉機的手續。等到把縫紉機搬上自行車時，商店也就打烊關門了。這只是生活中的一件小事，但也反映了饒宗頤助人為樂、急人所急的日常行誼。

為救災工作提筆書寫
「大愛無疆」

饒宗頤是大書畫家，可以想像，他幫助別人的一個最常見的方法，正是捐贈書畫墨寶，讓大量的慈善公益團體義賣籌募經費。多年來，經過筆者而捐贈出去的書畫無數，具體數字已記不起來。每次義賣或拍賣，都能籌到非常可觀的善款，成為籌款晚會的高潮，往往亦是慈善公益團體最大一筆善款的來源。他先後又將大量珍貴的書畫作品捐贈給國家博物館、中國美術館、故宮博物館、上海美術館、敦煌研究院、東莞長安饒宗頤美術館、潮州饒宗頤學術館、香港大學饒宗頤學術館、香港中文大學文物館、香港浸會大學饒宗頤國學院、香港饒宗頤文化館、澳門饒宗頤學藝館等。除了捐贈書畫作品

外，饒宗頤還經常為內地的救災工作力之所及地直接捐資，包括汶川大地震、玉樹大地震、舟曲泥石流等特大災害。

2013年11月18日，由饒宗頤倡議，旨在支持敦煌石窟保護和壁畫數字化的「香港敦煌之友」正式成立。當天晚上，在「聚焦敦煌」的慈善籌款晚會上，饒宗頤捐出了十幅書畫作品，共籌得善款逾一千三百萬港元。隨後五年，「香港敦煌之友」又籌募了逾三千萬港元的善款，支持了近百個敦煌主要洞窟的保護和壁畫數字化工程的順利竣工。這一切都是在饒宗頤的精神感召下完成的。饒宗頤認為：「敦煌是古代中外交通門戶，東西文化的結晶。現代人一定要想辦法保護。」

2010年8月在敦煌研究院院長樊錦詩陪同下參觀敦煌莫高窟陳列中心

敦煌研究院數字中心工作人員在洞窟內拍攝圖像

敦 煌 壁 畫 數 字 化 工 程

　　敦煌研究院在上世紀末開始研究壁畫數字化技術，目的是利用電腦技術永久地、真實地保存敦煌石窟珍貴文物和壁畫彩塑資料，同時為敦煌學研究提供準確詳細的資訊資料；另方面與虛擬漫遊技術（VR）相結合，使用電子圖像、立體動畫和數碼音效，製作虛擬洞窟供遊客欣賞參觀，達到既使敦煌石窟得到有效保護，又能提升遊客參觀敦煌藝術的品質和體驗，從而更好地保護壁畫。

　　2006年，敦煌研究院正式成立了敦煌研究院數字中心——專責研發敦煌石窟文物數字化。莫高窟有735個石窟，其中有壁畫的492個，經過多年努力，現已完成了180個洞窟的數字化，當中有三分之一是由香港敦煌之友贊助。

　　2016年4月「數字敦煌」資源庫（www.e-dunhuang.com）正式上線，不必去敦煌即可在網上參觀30個經典洞窟、4,430平方米壁畫，仿若親臨其景。2017年9月「數字敦煌」資源庫英文版正式上線。

饒宗頤的日常行誼，充份反映了佛家「慈悲喜捨」的精神。這四個大字，如今亦鐫刻在鄧志昂樓香港大學饒宗頤學術館的進口處，讓人緬懷、學習。

饒宗頤一生成就特別傑出，因此廣受尊崇，獲得的榮譽也特別多。但人生路上，總難免仍會遇到一些逆境。青年時代，由於戰亂，饒宗頤和廣大中國同胞一樣，度過了一段漫長的、漂泊流離的歲月。當時沒有做學術研究工作的條件，可饒宗頤仍然把握每一個機會，努力學習新的知識，開拓自己的學術視野，沒有浪費時間。這裏再舉兩個生活中的例子，來說明他怎樣去面對偶爾會出現、不盡如人意的事情。

饒宗頤的墨寶，也是其生活智慧。

話說1963年的7月，饒宗頤在他的學生、法國漢學家汪德邁的陪同下，開始了三個月的印度之旅，研究印度學、佛教史和中印文化交流史。這段日子，距離1962年10月發生的中印邊境戰爭僅九個月，一股反華的氣氛當時籠罩整個印度。不少印度華僑被關在監獄；更多的被關進西部荒漠的集中營。印度政府

婆羅謎碣久摩挲
中國滄桑感拘多
我亦前藍宋一賣秋
鳳牘日渡何
選堂寫意

還特地通過了針對華人的「加強監視外僑法案」，大力壓縮印度華僑的生存空間，致使大批華人被迫返回中國或移居海外。饒宗頤當時持有一般香港居民外遊時均會使用的香港英國護照，但有些印度邊防警察仍懷疑他是來自中國的間諜。由踏進印度領土那一刻開始，饒宗頤就不停地被盤問。每到一個地方，都要到當地的警察局申報及接受盤問之後才能放行。

上世紀60年代在印度的寫生稿，後在整理作品時發現，再題寫「婆羅謎碣久摩挲，佛國滄桑感觸多」兩句。

當他要從印度南部的馬德拉斯市（即今天的金奈市）搭飛機前往斯里蘭卡的科倫坡時，邊防警察又再次刁難，勒令他必須返回孟買申報方能出境，因為他是中國人。無休止的刁難，終於激怒了同行的汪德邁。他大聲地向印警解釋：饒宗頤是一位著名的專家學者，是印度著名的學術機構禮請前來印度考察的學者。汪德邁又指出了饒宗頤在國際學術界（包括法國學術界）所享有的崇高學術地位。經過汪德邁近一小時的辯解，印警才終於在饒宗頤的護照上蓋了印，予以放行。幸好當時飛機尚未起飛，他倆仍能搭上原先的航班。饒宗頤在事件中一直沉着面對，處之泰然，並沒有生氣；事情過去就很快淡忘了，仍沉醉在他的印度學研究中。

饒宗頤這種坦然面對逆境的能耐，來自他長期積累下來的治學修為。在治學上，饒宗頤一貫勤奮精進，有點像個沒有出家的苦行僧。他主張用「忍」的功夫，來面對治學過程中無可避免的孤獨感和一切障礙。他認為沒有安忍，便不能精進。饒宗頤的精進亦包括了不刻意、不勉強。遇上逆境或困難時，他積極面對，以勤奮用功的精進態度去克服種種困難。而當面對榮譽時，他亦以平常心去對待，這就是我們所說的「寵辱不驚」，或「中流自在心」了。人在激流之中，仍能保持自在的心境。

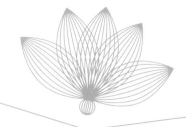

在饒宗頤的詩作中，到處都可以看
到他這種心無掛礙、淡泊恬靜的境
界。例如〈下大嶼山遇暴風雨澗水陡
漲記六首・三十三至三十六疊前韻〉
中第一首云：

一雨不肯休，凌晨終喪日。
登山吾久禱，佛龕且合十。
風嶺近失踪，未見樵人出。
空濛迷百里，天海無寸隙。
草木多活意，華滋不異昔。
喧豗煙瀑外，挾我登灩席。
破膽怯聞雷，昨宵苦憾壁。

　　與友人下大嶼山時遇上暴雨，
本來是煞風景之事。饒宗頤卻認為
那是「勢所難免」。他能從中體悟樂
趣：雨天山景更勝往時，草木清
新，山雨挾游，煙瀑入耳，雷聲驚
心，就像蘇東坡當年那「一蓑煙雨任
平生」的恬然心境，也充分顯示了他
的豁達自在。

2003年饒宗頤偶然重讀此詩，昔日情景立上心
頭，於是揮筆畫就此畫。

饒宗頤的豁達自在，很大程度上源於他對佛教義理的深刻了解和感悟。他曾在《宗頤名說》一文中寫道：「余自童稚之年攻治經史，獨好釋氏書，四十年來幾無日不與三藏結緣。」這裏提到的「釋氏書」，就是佛教的各種經典。佛教的始創者是釋迦牟尼，因此這些經典亦被稱作「釋氏書」。饒宗頤的書架上，長期插滿了由多種文字寫成的佛教經典，以供隨時翻閱。也就是說，他長期深入經藏，對佛教義理的理解和體會極之深刻，更能將之融入日常生活之中，反映於他的待人接物及品德行誼之內。佛教的修持有所謂「六波羅密」的六個修行的法門，即「布施、持戒、忍辱、精進、禪定、般若」。布施是慈悲喜捨、關愛別人、幫助別人。如上文所述，饒宗頤無疑已做到了。他是治學路上的苦行僧，「持戒」和「忍辱」也做到了。他的勤奮精進，上文已詳為介紹。他自青年時代開始，就有做禪修（或禪定、靜慮）的習慣，直至晚年仍不懈。他的禪修亦同時結合了道家氣功養生的元素。至於「般若」，亦即佛教的人生智慧，饒宗頤毫無疑問是個極有智慧的人。一般人不能做到的「放下自在」、「活在當下」、「心無掛礙」，他都完全能做到了。從佛教的修行次第來看，饒宗頤實際上已經達到了智慧如海，圓融無礙的大菩薩境界了。他高尚的品德行誼，正好反映了他這種清涼境界。

　　菩薩在世間，當然亦會有所承擔。饒宗頤喜歡畫荷花，認為荷花是花中之君子。一枝枝直挺挺的荷莖支撐着一朵朵的荷花、一片片的荷葉。饒宗頤認為荷花也象徵着一種承擔的精神。他本人對中國文化的傳承與發揚極具承擔的精神；也希望我們大家像荷花那樣，對自己的使命和責任要勇於承擔。而只要我們努力，亦一定會像他一樣，有大成就。

饒宗頤文化館的荷花池，遠處是饒宗頤銅像，仿佛他每天都在觀察著荷花的成長。

走近大師

第六章

走近大師

饒宗頤是成就特大，世所同欽的國學大師（亦稱漢學大師）。我們的年青朋友們和讀者諸君們，儘管不一定都是從事學術研究工作的，但我們如果能夠認真學習饒宗頤勤奮專注、努力鑽研、不斷創新的精神，我們亦一定會在自己的專業領域有大成就。此外，如果我們也能學習饒宗頤高尚的品德行誼，與及他待人接物的寬厚謙和，這對我們的事業成就，亦會有莫大的幫助。

我們如要學習饒宗頤，既可以參考他的傳記（例如陳韓曦撰寫的《饒宗頤——東方文化的坐標》，香港中和出版社，2016年）；亦可以觀看專門介紹他的電視紀錄片（例如：香港電台「傑出華人系列」2003年——饒宗頤；潮州廣播電視台紀錄片「饒宗頤」，2011年，共六集）。我們亦可以到以下的三個香港文化地標參訪，親身體會，加深了解。

第一個文化地標是大嶼山昂坪的「心經簡林」。

「心經簡林」是全球最大的戶外木刻佛經簡群，位於大嶼山島木魚山東麓，鄰近寶蓮禪寺，背山面海，環境清幽。木簡林由三十八條大木條組成，當中三十七條刻上了《摩訶般若波羅密多心經》（簡稱《心經》）的經文，以無限大的數學符號（或數目字8），作為平面佈局。

2002年，饒宗頤眼見香港社會受到金融風暴和經濟低迷的困擾，於是決定贈送他手書的心經墨寶予香港市民，送上他由衷的祝福。香港特區政府十分重視和珍惜，並決定將這份祝福轉化為一個戶外的大型常設展覽，讓全港市民和眾多遊客都可以欣賞。這就是心經簡林的緣起。

香港大嶼山昂坪「心經簡林」全景

最初，饒宗頤的構思是想參照泰山的經石峪金剛經，或華山的摩崖書法石刻那樣，把經文刻在石崖或石壁之上。當時，特區政府土力工程處處長陳健碩和筆者從地質的角度，試圖在香港各地找一片合適的石崖，或石壁。無奈香港地處亞熱帶，岩石表層風化較嚴重，斷裂及節理亦比較多，不宜作經刻之用。這個結論呈報予饒宗頤後，他想了一想，隨即建議大家不如放棄石刻，改為刻在大型木簡之上。他指出，中國最早的文字，繼甲骨文之後，曾長期書寫在木簡或竹簡之上。把經文刻在木簡上，既可以反映中國文化歷史的源遠流長，亦更能彰顯書法藝術的神髓。大家覺得這個建議非常合理，亦十分欽佩饒宗頤的靈活創新和圓融無礙。就這樣，在旅遊事務署、建築署，康樂文化署、漁農自然護理署及香港大學各單位的協作下，「心經簡林」於2005年5月竣工，向市民及遊客開放。

1980年10月，饒宗頤登上泰山，觀摩崖石刻《金剛經》，崖壁上還存千多字，每字徑在50厘米左右。字體介於隸楷之間，用筆蒼勁古樸，心靈為之震撼，遂立下宏願。2001年，他用了兩個多月時間創作榜書《般若波羅密多心經》。

饒宗頤為「心經簡林」選址，結跏趺坐於後來建成「心經簡林」之地。

　　「心經簡林」的英文名字 Wisdom Path，意即「智慧之途」，因為它把大乘佛教有關「空」的智慧，用短短二百六十個字演譯出來。亦即是說，《心經》把六百卷的大乘佛教經典《大般若經》的精義或核心思想勾勒了出來。

《心經》分兩個段落。第一個段落是：「觀自在菩薩，行深般若波羅密多時，照見五蘊皆空，度一切苦厄」。大乘佛教的菩薩，慈悲與智慧兼具。菩薩現慈悲相時，稱觀世音菩薩，聞世間苦難之聲而前來救援。菩薩在甚深禪定（即行深般若波羅密多時）之中，得大智慧，並因有智慧而自在，現自在之想，故又稱觀自在菩薩。這智慧的主要內容是：從我們五種感覺器官（五蘊），所感觸到世間的萬事萬物，背後都是有其成因（或因緣）的。因緣條件成熟時，現象或事物就會產生；否則就不會了。我們如能明白世上的每一件事，或每一個現象，包括人生路上的起起落落、成敗得失，其實都是有背後的原因的，那我們就能更坦然地面對這些成敗得失，就不會因為成敗得失而掛礙，而煩惱痛苦了。這就是為什麼智慧可以幫助我們度一切苦厄，活得更自在的原因了。

　　第二個段落，主要解釋現象和本質之間的關係。春天來了，氣候變暖，陽光雨露充沛，於是樹上開花了，葉芽兒也長出來了。於是我們看到了春暖花開的現象（色）。假如是隆冬臘月的話，樹上就光禿禿的，沒有花，也沒有葉芽兒了（空）。同一株樹，因緣條件（陽光雨露）具備時，就有花（色），否則就沒有（空）。那只不過是同一株樹在不同季節（或不同氣候條件下）的不同表現而已。因此，《心經》第二段說：色即是空、空即是色、色空不二。這也回到了《心經》第一段的主旨：有與無，能見到或見不到，主要還是看因緣條件是否具備（或具足）；我們因此不必

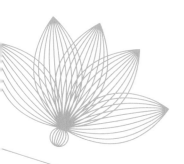

太執着於有與無、空與色。如果我們對這一點佛家智慧有所感悟，就能放下，人就能自在了。

因此「心經簡林」亦稱「智慧之途」。智慧需要靠自己去感悟，去想通，不純粹只是書本上的知識。《心經》的二百六十字經文刻在三十七條大木簡上，第三十八條是空白的，沒有刻字，就是希望大家有空時自己去想想，有所感悟。

「心經簡林」建在大嶼山島木魚山東麓，背山面海。雨季期間，那裏經常煙雨濛濛；人彷彿置身在雲霧之中。由於濕度大，有人曾擔心簡林會因而受到水氣、苔蘚或菌類的腐蝕。饒宗頤聽到了，笑笑說：「人也會有衰老的一天，何況木簡呢？」這其實也反映了他豁達、自在的胸懷。

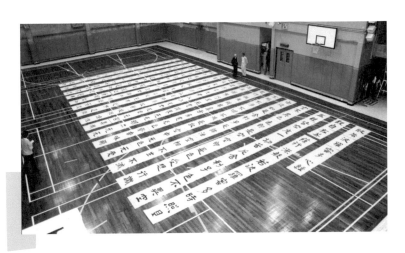

饒宗頤書寫的心經原稿未刻製木簡之前，先擺放在香港中文大學體育館作最後審視。

　　讀者如想參觀「心經簡林」，可於港鐵東涌站B出口的東涌纜車站乘坐纜車至昂坪纜車站，車程約二十五分鐘，下車後依路牌指示前往。另外，亦可從港鐵東涌站B出口的巴士總站，乘坐23號巴士至昂坪市集下車，車程約五十分鐘，下車後依路牌指示前往「茶園」，沿小徑步行十五分鐘即達。

　　第二個有關饒宗頤的文化地標是在香港大學校園東端的饒宗頤學術館，鄰近香港大學美術博物館，與英皇書院隔了一條般含道。

　　該幢建築物叫「鄧志昂樓」，是1931年建成的，如今也是法定古跡。它早年是香港大學中文系的所在地。1935-1941年，港大中文系的系主任是近代文學家許地山。饒宗頤曾於1952-1968年期間在香港大學中文系任教；他當年的辦公室就在鄧志昂樓內。因此，香港大學後來決定把這幢樓用作饒宗頤學術館，以示對饒教授的尊敬。

香港大學主校園

學術館內，有一個小展廳，定期展覽饒宗頤的書畫作品。2002年，饒宗頤把約二百幅珍貴的書畫作品捐贈給香港大學，作為永久收藏。同時，還捐贈了約四萬冊他本人用過的學術書籍，其中包括了不少善本古籍(線裝書)，如今亦收藏在學術館內的「選堂文庫」。這些珍貴的書籍，都放置在恆溫恆濕的環境裏，以便長期保存。其中部分需要修復的古籍，亦設專人負責修復。學術館成立於2002年，設學術組 (由鄭煒明博士負責，經常主辦各類國際學術會議、專題講座，並出版學術研究書籍)，及藝術組 (由鄧偉雄博士負責，籌劃書畫展覽，並研究、整理、出版饒宗頤的書畫藝術成果)。學術館對外開放，歡迎大家前往參觀。

　　為了支持饒宗頤的學術研究與及學術館的運作，一批熱愛中國文化藝術的企業家及熱心人士於2004年發起成立了「饒宗頤學術館之友」。會長包括了陳偉南先生、孫少文博士、余志明先生、高佩璇博士、謝賢團先生、謝錦鵬先生、陳邱敏英女士、王庭聰先生、許崇標先生、陳大枝先生、吳惠城先生、陳文洲先生、黃書鋭先生，及筆者。還有副會長余國樑先生、李萊德先生；與及眾多的會董、會友們。饒宗頤對大家的熱心支持由衷地感激，並希望大家能為中華文化的當代復興而共同努力。

2003年11月8日香港大學饒宗頤學術館舉行開幕典禮

饒宗頤文化館中區

第三個有關饒宗頤的香港文化地標是位於九龍荔枝角青山道800號的饒宗頤文化館。

它的前身為荔枝角醫院,從十九世紀末開始,該址先後曾用作晚清海關分廠、華工屯舍、檢疫站、監獄、醫院等。現為香港三級歷史建築,亦是香港特區政府發展局文物保育專員辦事處「活化歷史建築夥伴計劃」的首批活化項目之一,於2013年完成復修工程後對市民大眾開放。建築群依山而建,分成上、中、下三區。下區設

藝術館（包括饒宗頤書畫常設展）及保育館。中區由六座
大樓組成，包括展覽廳、演藝廳、文化講堂、藝術工
房、會議室、活動室、餐廳等設施。上區的五座大樓則
活化成為具中國文化特色的文化旅舍，共有八十九個客
房，取名「翠雅山房」。為了表揚饒宗頤對中華文化的巨
大貢獻，特區政府把整個設施定名為「饒宗頤文化館」，
由香港中華文化促進中心負責營運。饒宗頤與該中心淵
源甚深，曾長期擔任該中心的學術委員會主席，多年來
曾主持過不少專題講座和學術會議，亦辦過不少藝術展
覽和敦煌學研究活動。文化館還有個由中國美術館館
長，著名雕塑家吳為山創作的饒宗頤立像。

市民如欲參觀饒宗頤文化館，於港鐵美孚站出口步
行數分鐘可達。亦有多條巴士線路經「饒宗頤文化館」
站，交通十分方便。

饒宗頤文化館下區的
藝術館，永久性展覽
饒宗頤書畫作品。

外一章

從書畫作品窺看
饒公智慧人生

探索、創新篇

　　饒宗頤幾十年來在海內外獲得殊榮無數，地位昭
然，但對學術和藝術的探求從來沒有停止過腳步。他
的不斷創新與自我突破精神，亦顯見於中國書畫創作
之中。

草篆集杜句七言聯

　　饒公在書寫此聯之前，剛剛翻閱完顏真卿的書法作品《裴將軍詩》。裴將軍即唐代裴旻將軍，善於舞劍，有說李白也曾跟隨他學劍。世人將李白的詩、張旭的草書和裴旻的劍舞合為「三絕」。顏真卿用楷、行、草三種字體來書寫《裴將軍詩》，時而激越、時而靜止，將書法與劍術的節奏結合起來，是一件書法史上的佳作。

　　饒公受到啟發，提起筆來，一會兒篆書、一會兒隸書、一會兒行書、一會兒草書，隨心隨意，大膽嘗試。此聯其實是繼顏真卿之後的新創作，但他十分謙遜的稱自己是「戲書」。

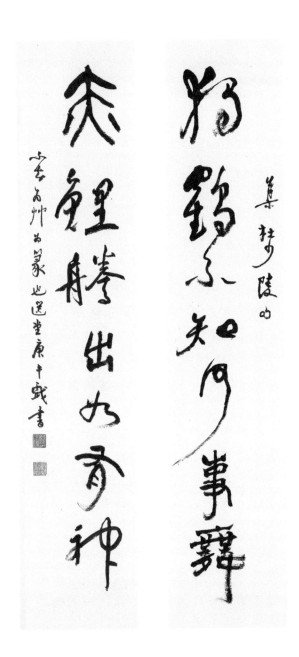

獨鶴不知何事舞
赤鯉騰出如有神

集杜少陵句，
不知為草為篆也。
選堂庚午戲書。

敦煌牛

饒公於敦煌學研究十分精深，也有自己的研究方法。例如他在敦煌繪畫方面，從敦煌卷子末端及背面所載的唐人線描畫稿入手，上世紀七十年代撰寫成專著《敦煌白話》，從此開始敦煌繪畫的深入研究和創作。

和許多以敦煌藝術為描繪物件的畫家不同，他不是從臨摹壁畫開始，而是追踪唐人白描手法、結合書法線條、筆法着色，從而形成了一種自我的風格。用他自己的說話，就是「與元人異趣」。

敦煌壁畫中有不少牛畫作品，大多是用筆沉着、造型健碩，令人倍感英偉神武。饒公採用白描法畫牛，配以敦煌唐人之山峯叢樹，除特顯情趣之外，更是他在敦煌繪畫基礎上的一種再創造。

唐戴嵩為韓晃巡官，
師晉公之畫，
尤工水牛，
其弟峰亦以牛名，
惜世無傳本。
余曾擬五牛圖，
未得百一。
此取之敦煌壁畫，
以白畫筆法為之，
聊存西洲舊本之梗概。
歲在戊寅朔，選堂識。

銘「吃茶去」壺

「吃茶去」，是唐代趙州禪師的著名口頭禪。人們無論提問什麼問題，他往往只是簡單的回答：吃茶去！意思是很多道理只可意會不可言傳，需要學禪者自己去領悟。

茶帶有清心滌煩、怡情養性的作用。古人認為喝茶可以幫助悟出禪理，所以茶道成為「習禪」的一個重要部分。現代人也有「坐低飲杯茶食個包」的潮語，經過悠閒的喝茶過程，人會冷靜下來，一切戾氣、怨氣化為烏有。

饒公的書法蒼古秀逸，與茶道精神渾然通會。他在宣紙或扇面上繪畫過許多關於茶的作品，也曾經在茶具，如紫砂壺、茶杯、茶碗等上面寫過銘文或繪畫。

2013年，饒宗頤文化館與香港大學饒宗頤學術館合辦《吃茶去——饒宗頤茶道藝術品展覽》，展出饒公百多件與茶道相關的書畫和文玩。當中的一件竹根壺，銘有「吃茶去」三個字，細心欣賞下可以領悟當中之禪理。

吃茶去。
趙州偈，選堂書，積聖鑄。

福從天降

這幅畫以塑膠彩結合中國畫顏料，繪畫於油畫布上，可說是饒公把書法加在繪畫之中，創造「文字繪畫」的大膽嘗試。

饒公在雲彩的右上角以硃筆寫上一個金文「福」字，象徵着「福從天降」，寓意深刻。

福。辛卯，選堂。

松/竹/荷/葡萄金卡四幅

饒公的女婿鄧偉雄，十分清楚和敬佩丈人的創新精神，所以他也常搜購一些特別的材料給饒公做各方面的試驗。

有一次鄧偉雄到日本旅遊，在日本人的書畫用品商店購買了數張具東洋特色的空白金卡，帶回香港送給饒公。饒公就在上面用花鳥技法繪寫此四幅，別有一種禪意在其中。

1. 鬱鬱蒼松，無非般若。甲申，選堂寫並題。

2. 本來無一物，何處惹塵埃。選堂書六祖句。

3. 如何是西來意，落浦禪師曰：颯颯當軒竹，經霜不自寒。甲申，選堂。

4. 不染世間法，如蓮花在水。八華經句，選堂並題。

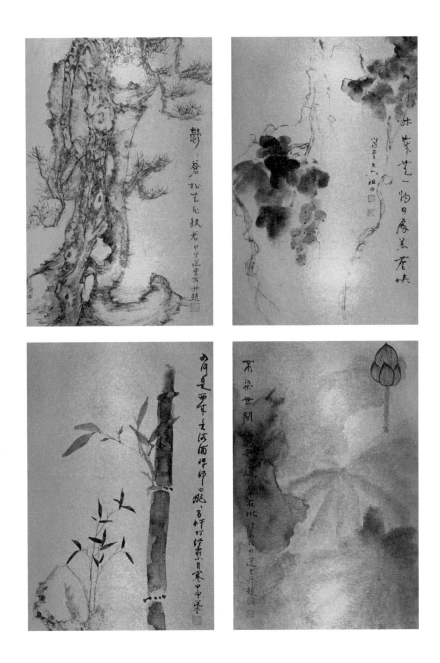

羊城八景之一

　　這幅畫也是以塑膠彩結合中國畫顏料及墨汁，繪畫於油畫布上。用筆為南田沒骨法*暈染而成。這是饒公用西方畫材繪寫中國畫風的試驗作，效果極其獨特。

*明末清初畫家惲壽平，號南田，中年以後專攻花鳥，創沒骨法。他不採用「先墨筆勾勒輪廓，然後敷色」的傳統方法，而是以色彩直接渲染，點染並用。

蘿崗香雪。己丑選堂。

行書五言聯

坊間使用的毛筆絕大多數是用羊毫（羊之鬚或尾毛）或者狼毫（黃鼠狼尾毛）製作，也有少量兔毫、鼠鬚、雞毛等毛筆。

雞毛筆是用雞的胸毛製成，極為柔軟，很難掌握。清末才開始有人使用，近代則日本書家，偶然用之。

饒公操雞毛筆書寫這對對聯，力度之剛健，有過於使用硬毛筆，真能人所不能也！

尋孔顏樂處
作羲皇上人

庚辰初夏以雞毛長
鋒縱筆，選堂於梨
俱室。

香港情懷篇

　　饒宗頤自上世紀四十年代後期從潮州來港之後，一直以香港為主要居停之地。他曾經說過：「故鄉隨腳是，足到便為家。」幾十年來，他就在這個「家」孜孜不倦地追求學問和藝術。他這種香港情懷處處反映在他的詩詞及書畫方面。

　　饒宗頤曾踏足過香港許多角落，不少都作了寫生稿，同時寫下詩詞來記述那時的感受以及當地地方特色，日後追寫這些香港山水時，參照這些資料，當日的情景與感受重現畫紙之上。畫中有題字或詩詞，有旅遊札記，更多的是對人生的思考詠歎，折射出大師對香港的無比濃情。

長洲集

　　長洲在饒公的創作生涯中留下了一個印記。1960年除夕假期，饒公帶著古琴，到長洲小學校長李超人的「勺瀛樓」小住，邊彈古琴邊聽海濤。剛巧李校長的書桌上有一本阮籍詩集，饒公颯興大發，以五天時間，遍和阮籍八十二首《詠懷詩》，後來整理成《長洲集》，是《選堂詩詞集》中一組詩心與琴心交響的抒情詩。

屯門帆影 (2002年)

　　饒公很喜歡寫屯門景色，也許是因為杯渡禪師是在屯門登岸，並在屯門住持一段時間的關係。

　　饒公研究過這段史實，所以在畫上題了有關長句。又因為杯渡禪師曾居住的寺院及有關他的碑記都已不存在了，饒公在詩後感歎：「今此地重樓疊屋，非復昔日景象」，只能憶寫此山水畫來記錄他昔日對屯門的印象。

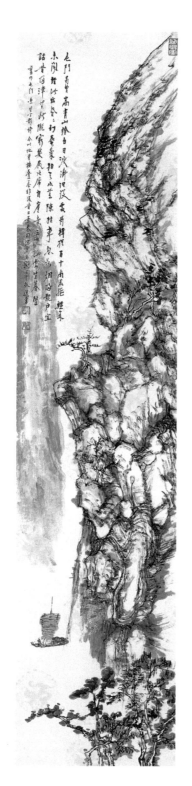

屯門屹曾高，青山繚白日。波濤汩沒處，舟楫猶
百十。南荒驅鱷來，未聞經此出。昏昏幻蜃氣，
拍天水無隙。往事忽如煙，龍戶空話昔。歸津望
斷隴，窮髮展片席。自崖意云遙，故雲生暮壁。
舊作屯門疊壁字韻詩，今此地重樓疊屋，非復昔
日景象，因憶寫為圖。壬午秋，選堂。

薄扶林雨中 (2003年)

饒公早年任教於香港大學中文系，居住在薄扶林。他的屋子位於半山，出入都需要經過一條小山徑。

廿一世紀初，他偶然再路過此小徑，景物全非，感慨之餘，畫了這幅小品。

這幅畫的特別之處，在於揉合了潑墨畫法和元人樹法，寫來淋漓自然，令人對大雨滂沱的小徑留下深刻印象。

曩歲執教港大，寓居薄扶林，輒步此
小徑，去今近半世紀矣。壬午，選堂
憶寫。

119

流浮山寫生 (2004年)

「心經簡林」在建設之時，饒公相當關心，時常到現場觀看。有一次他到昂平觀看心經木柱安置後，經過流浮山稍作遊玩，回家憑記憶繪為扇面，沒有寫生稿。

平坡矮樹、小屋草叢，點出了流浮山的特點。

甲申九月觀心經木刻後，重遊流浮山歸來，寫此
以紀遊踪。選堂並記於梨俱室。

荔枝角海灘 (2004年)

　　當年荔枝角海灘是香港市民游泳的好去處，如今已是崇樓傑閣的大屋苑。饒公很多時會翻閱昔年的寫生稿，乘興追寫地區風光。此幅便是饒公追憶他當年與港大同學泛舟荔枝角海域情景：平坡密樹，海上有小艇兩隻，一派五十年代荔枝角風情。

　　而剛好，2010年，饒宗頤文化館就在這處設立，正正俯視同一位置卻景觀殊異。

選堂憶寫舊荔枝角海灘。遊人嬉水處，今已崇樓
疊屋，非復曩觀矣。甲申清和。

鳳凰蘭若（2005年）

饒公與大嶼山緣份甚深，繪畫大嶼山的作品也不少。這幅畫採用《富春山居圖》的筆意和畫法，從高角度俯瞰寶蓮寺。

鳳凰蘭若。變巨師礬頭密菁之法，為昂平寶剎造
境。八十九叟選堂於香港梨俱室。

澤潤四方（2010年）

　　2010年上海舉行世界博覽會，饒公以香港太平山雨後景色繪成此畫，在博覽會的香港館展出。

　　太平山是饒公時常登臨的地方，其水色山光深深印在他的腦海裏。他先以沉厚濕筆勾勒山勢，再以濕筆寫樹木雲雨，把雨中的太平山描繪得形神俱備。

澤潤四方。庚寅上海世界博覽會啟幕日，選堂寫雨後太平山。

國學大師饒宗頤的人生智慧

作　　者：李焯芬

責任編輯：謝力清

美術設計：浚意設計有限公司

出　　版：新雅文化事業有限公司

　　　　　香港英皇道499號北角工業大廈18樓

　　　　　電話：(852) 2138 7998

　　　　　傳真：(852) 2597 4003

　　　　　網址：http://www.sunya.com.hk

　　　　　電郵：marketing@sunya.com.hk

發　　行：香港聯合書刊物流有限公司

　　　　　香港荃灣德士古道220-248號荃灣工業中心16樓

　　　　　電話：(852) 2150 2100

　　　　　傳真：(852) 2407 3062

　　　　　電郵：info@suplogistics.com.hk

印　　刷：中華商務彩色印刷有限公司

　　　　　香港新界大埔汀麗路36號

版　　次：二〇一八年七月初版

　　　　　二〇二四年四月第二次印刷

鳴謝

（本書的圖片由以下機構及個人提供）

香港大學饒宗頤學術館

三民書局股份有限公司

陳韓曦先生

曾雅麗小姐